꼭꼭 숨어라,
숨바꼭질의 달인

Original Title: Animal Hide and Seek
Copyright © 2023 Dorling Kindersley Limited
A Penguin Random House Company

www.dk.com

LEVEL 2

꼭꼭 숨어라, 숨바꼭질의 달인

페니 스미스

DK | 삼성출판사

차례

위장

동물이 야생에서 살아남기란 쉽지 않아요.
힘이 센 포식자 동물이 힘이 약한 먹잇감 동물을
잡아먹지요. 먹잇감 동물은 적의 눈에 띄지 않게 몸을
숨겨야 해요. 그래서 주변 환경과 비슷하게 모양이나
색을 바꿔요. 이것을 '위장'이라고 해요.

산네발나비

초록청개구리

멧도요

멧돼지

멧돼지 가족이 낙엽 더미에 주둥이를 박고 먹이를
찾아요. 사나운 늑대가 새끼 멧돼지를 노리는데 어쩌면
좋지요? 다행이에요. 어미와 달리 새끼 몸에는 줄무늬가
나 있어요. 그래서 나무와 풀 사이에 들어가면 늑대가
찾기 힘들어요.

눈덧신토끼

여름이면 눈덧신토끼는 갈색 털이 나요.
그러다 겨울이 오면 흰색 털로 털갈이를 해요.
부엉이가 여기저기 먹잇감을 찾아 공중을 날아요.
눈덧신토끼는 꼼짝 않고 눈밭에 웅크려요. 부엉이는
하얀 눈밭에 숨은 하얀 토끼를
알아볼 수 없어요.

몸 색깔 바꾸기
눈덧신토끼만 계절에 따라 몸 색깔을 바꾸는
것은 아니에요. 스무 가지가 넘는 새와 포유류
동물이 갈색 털에서 흰색 털로 털갈이를 해요.

물까마귀

때로는 포식자도 몸을 숨겨요. 물까마귀가 물가 옆
나뭇가지에 가만히 앉아 곤충이 가까이 다가오기를
기다리고 있어요.
회색빛이 섞인 파란 깃털이 파란 물빛에
묻히는 바람에 곤충은 물까마귀가
있는지도 모를 거예요.

친칠라

친칠라는 털이 회색인 덕분에
바위와 돌 더미에 몸을 숨길 수 있어요.
부엉이와 여우와 뱀의 눈을 속이는
좋은 방법이지요.

나비

보세요. 나비가 날개를 접자 온몸이 검게 변했어요.

덕분에 그림자 속에 섞여 몸을 숨길 수 있어요.

보세요. 날개를 활짝 펴니까 큰 동물의 눈을 닮았어요.

나비를 잡아먹으려던 포식자가 깜짝 놀라 멈칫거려요.

나비는 이 순간을 노려 멀리 달아나요.

위험을 알리는 신호

어떤 나비는 애벌레 때 먹었던 식물 때문에 몸에 독을
지니게 돼요. 이런 나비의 화려한 색깔과 무늬는
"나는 독을 지녔으니까 먹지 마."라는 경고의 신호예요.

실고기

실고기를 찾아라! 실고기가 작은 지느러미를 흔들며
산호초 사이를 헤엄쳐 다녀요.
어때요, 실고기를 찾았나요?
찾기 쉽지 않을 거예요.

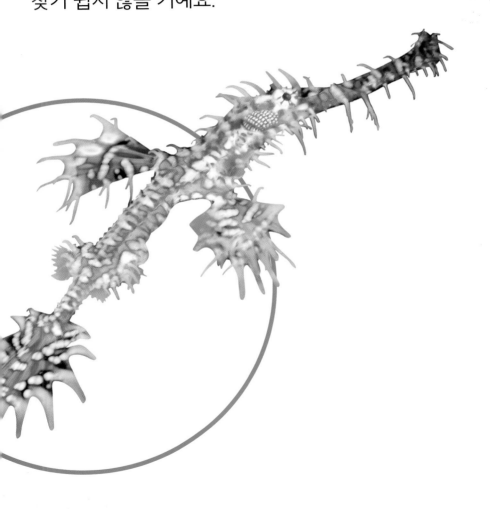

긴집게발게

긴집게발게는 바다풀이나 작은 돌 조각,
심지어 작은 바다 동물을 몸에 붙이고
다녀요. 적의 눈을 피해 숨는 위장
방법이에요.
게는 몸이 커지면 껍데기를 벗어 던져요.
이때 껍데기에 붙여 두었던 것들을
새로 돋아나는 껍데기에 다시 옮겨 붙여요.

카멜레온

정글에 사는 카멜레온의 몸 색깔 좀 보세요.

나뭇가지 색깔과 똑같은 초록색이에요.

카멜레온은 주변 환경에 맞춰 몸 색깔을 바꾸는

신기한 재주를 지녔어요. 포식자에게 카멜레온 찾기는

모래밭에서 바늘 찾기처럼 어려울 거예요.

변신의 달인

카멜레온은 온도와 기분에 따라서
몸 색깔을 바꿔요. 날이 너무
더우면 햇볕을 반사하기
위해 밝은 색깔로
변해요. 또 겁이
나면 어두운 색으로
변하고, 화가 나면
몸이 빨개지면서
검은 줄무늬가
나타나기도 해요.

대벌레

대벌레가 어디 있는지 알겠나요? 나뭇가지의 색깔과
모양을 똑같이 흉내 냈기 때문에 찾기 쉽지 않아요.
대벌레의 알도 위장하는 법을 벌써 배웠나 봐요.
보세요. 이것들은 알일까요, 씨앗일까요?

살아 있는 나뭇가지

대벌레의 별명은 '걸어 다니는
나뭇가지'예요. 작은 나뭇가지를
닮았기 때문이지요. 바람에 흔들리는
나뭇가지처럼 몸을 앞뒤로 살살 움직일 줄도 알아요.

얼룩말

아프리카의 넓은 풀밭에서 얼룩말들이 무리를 지어
풀을 뜯고 있어요. 힘이 약한 동물은 많이 모여 있어야
안전하거든요. 여기에 줄무늬가 안전함을 더해 주어요.

사자가 얼룩말에게 달려든다고 상상해 봐요.
한꺼번에 다 잡아먹을 수는 없어요. 분명 그 가운데
한 마리를 노려야 하겠지요. 그런데 줄무늬가 서로
섞이면 어떤 얼룩말을 노려야 할지 분간할 수 없게 돼요.

줄무늬는 얼룩말 신분증

사람들의 지문이 모두 다른 것처럼 얼룩말의 줄무늬도
모두 달라요. 옹기종기 모인 얼룩말 가운데에서 아기
얼룩말은 어떻게 엄마 얼룩말을 찾을 수 있을까요?
그래요. 엄마의 독특한 줄무늬를 보고 알 수 있어요.

미어캣

메마른 사막에 아침 해가 밝았어요. 미어캣 가족이
두 발로 서서 햇볕을 쫴요. 그러다 갑자기 한 마리가
코를 벌름거리며 공기 냄새를 맡아요. 독수리가 아침
먹잇감을 찾아 공중을 빙글빙글 돌고 있어요. 다행히
미어캣의 은빛이 도는 갈색 털 덕분에 독수리가 쉽게
찾아내지 못해요.

위험을 알리는 소리

미어캣이 보초를 설 때 내는 소리는
얼마나 위험한가에 따라 여섯 가지로
나뉘어요. 말하자면, '조금 위험'부터
'죽을 만큼 위험'까지 여섯 단계예요.
게다가 위험이 사라졌음을 알리는
'해제경보' 신호도 있어요.

동물이 포식자를 피해 숨은 모습을
보면, 마치 포식자와 숨바꼭질을
하는 것 같아요.
이다음에 야생의 동물을 관찰할 기회가 생기면,
꼭꼭 숨어 있는 동물을 찾아 보아요.

용어 정리

곤충
몸이 머리, 가슴, 배로 나뉘고 다리가
여섯 개인 동물

독수리
작은 동물을 잡아먹는 커다란 새

먹잇감
포식자 동물의 먹이가 되는 동물

멧돼지
검은색 또는 갈색의 뻣뻣한 털이
나고 엄니가 날카로운 포유류 동물

미어캣
무리를 지어 굴속에서 사는 작은
포유류 동물. 가늘고 긴 꼬리가 있고
발가락은 네 개이다.

부엉이
커다란 눈과 강력한 발톱을 가진 새.
주로 밤에 사냥을 한다.

실고기
길고 가는 몸통을 지닌 물고기로
해마의 친척이다.

위장
주변 환경과 비슷해 보이게 만들어
적으로부터 몸을 숨기는 일

카멜레온
주변 환경에 따라 몸 색깔을 바꾸고
양쪽 눈을 따로따로 움직일 수 있는
도마뱀

포식자
다른 동물을 사냥하여 먹고 사는 동물

퀴즈

이 책을 읽고 무엇을 알게 되었는지 물음에 답해 보세요.
(정답은 맨 아래에 있어요.)

1. 동물이 눈에 띄지 않게 위장을 하는 이유는 무엇일까요?

2. 눈덧신토끼가 겨울이 오면 흰색 털로 털갈이를 하는
   이유는 무엇일까요?

3. 날개에 동그란 모양의 무늬가 있는 나비가 있어요.
   이 모양은 무엇을 닮았을까요?

4. 카멜레온이 몸 색깔을 바꾸는 이유 세 가지는
   무엇일까요?

5. 아기 얼룩말은 얼룩말 무리 가운데에서 어떻게
   엄마 얼룩말을 찾아낼까요?

1. 포식자로부터 숨기 위해 2. 하얀 눈에 섞여 몸을 숨기기 위해 3. 큰 동물의 눈
4. 온도, 주변 환경, 기분 5. 엄마의 독특한 줄무늬를 보고 찾아낸다.

DK 읽는재미!
SUPER Readers

아이들의 흥미와 발달을 모두 고려한
체계적인 읽기 프로그램 <DK 읽는 재미>.
스트레스 없는 책 읽기를 통해
아이들의 문해력이 자연스럽게 향상됩니다.

LEVEL 1

스스로
읽어요

취학 전 ~
초등 1학년

본문 32p